Polina Sorel

AF135672

MINI-MÄRCHEN

Мини-сказки

Kleine Kindergeschichten auf Russisch
zum Lautlesen

Маленькие детские рассказы
для чтения вслух

R RUSSISCH UND RUSSLAND VON A BIS Z

Bibliografische Information der Deutschen Nationalbibliothek. Die Deutsche Nationalbibliothek verzeichnet diese Publikation in der Deutschen Nationalbibliografie; detaillierte bibliografische Daten sind im Internet über *http://dnb.d-nb.de* abrufbar.

Weitere Erläuterungen, Hintergrundinformationen und MP3-Aufnahmen auf der Seite der Autorin unter *http://www.russian-online.net*

Sprechende Kürbisse, denkende Frösche, traurige Blumen, lachende Hamster und vieles mehr. Fünfzehn leicht lesbare Kurzgeschichten laden Russischanfänger und Erstleser ein in eine märchenhafte, phantasievolle Welt voller ungewöhnlicher Wesen.

✓ Durch eine besondere Zusammenstellung der Texte wird die Aussprache von schwereren russischen Lauten gezielt trainiert.
✓ Kurze Sätze, große Schrift und Betonungszeichen helfen beim Lesenlernen.
✓ Häufige Wiederholungen der Wörter und Redewendungen im Text sowie kleine Aufgaben ermöglichen es, sich auf spielerische Weise den Grundwortschatz einzuprägen.
✓ Wunderschöne Illustrationen machen den Buchinhalt leichter verständlich und regen zu weiteren mündlichen Sprachübungen an.

Damit die Aussprache überprüft werden kann, gibt es zu den Texten von Muttersprachlern vorgelesene MP3-Dateien zum Download auf *www.russian-online.net*. Diese Audiodateien sowie die Texte selbst können auch als Übungen zum Hörverständnis eingesetzt werden.

© Mai 2015 Polina Sorel
Alle Rechte vorbehalten. Keine unerlaubte Vervielfältigung oder Verbreitung

Herstellung und Verlag: Books on Demand GmbH, Norderstedt

ISBN 978-3-7347-9026-3

Lektorat: Olga Stepanova, Robin Pfeifer, Marina Bilotserkivska
Gestaltung und Illustrationen: Valentyna Ivashchenko

Эпиграф:

Жи́ли-бы́ли два павли́на
Вот и ска́зки полови́на.
Жи́ли-бы́ли два гуся́.
Вот и ска́зка вся.

(*Русская народная присказка*)

Alles Wesentliche auf einen Blick:

- ✓ 15 kurze lustige Kindergeschichten optimiert für Russischlernende
- ✓ Übungen für die Aussprache und das Lesen der schwierigen Laute und Buchstaben durch häufige Wiederholungen
- ✓ Große Schrift, Betonungsangaben
- ✓ Illustrationen für besseres Textverständnis mit kleinen Aufgaben fürs Wörtermerken

Zum kostenlosen Download auf **http://www.russian-online.net/minimaerchen:**

- ✓ MP3-Aufnahmen (als Lesekontrolle, aber auch als Hörverständnisübungen)
- ✓ Glossar und Erklärungen

Содержание   Inhalt

Тыква и лягушка

Сиди́т ты́ква на огоро́де.
Ми́мо лягу́шка ска́чет.

– Ты-ква, – говори́т лягу́шка.
– Да, ты́ква, – улыбну́лась ты́ква в отве́т.
– Ты-ква, – говори́т лягу́шка.
– Ты́ква, ты́ква, – улыбну́лась ты́ква в отве́т.

Так сиди́т ты́ква да́льше.
Слу́шает и улыба́ется.

А лягу́шка сиди́т и ква́кает.
Да и забы́ла, куда́ шла.

Сидит тыква на огороде. – Ein Kürbis sitzt im Gemüsegarten.
Мимо лягушка скачет. – Ein Frosch hüpft vorbei.

Найди зашифрованные слова в тексте:

Т __ __ __ __

Л __ __ __ __ __ __

Т, Д, В, Р

Цветы на подоконнике

Цветы́ стоя́ли на подоко́ннике.
И вя́нули.

«Воды́, воды́!» – проси́ли ли́стья.
«Воды́, воды́!» – проси́ли сте́бли.
«Воды́, воды́!» – проси́ли ко́рни.

За окно́м шёл дождь.
Но ни одна́ ка́пля не попа́ла на цветы́.

«Воды, воды!» – просили листья.
«Воды, воды!» – просили стебли.
«Воды, воды!» – просили корни.

вянули – welkten
ни одна капля не попала на цветы – kein Tropfen traf die Blumen

Ц __ __ __ __

Л __ __ __ __ __

С __ __ __ __ __

К __ __ __ __

В ко́мнату зашла́ ма́ленькая де́вочка.
Она́ уви́дела, что у цвето́в гру́стно опусти́лись
ли́стья, и поняла́:

«Воды́, им на́до воды́».

Де́вочка взяла́ ле́йку.
Набрала́ воды́ и полила́ цветы́.

«Вода́, вода́!» – ра́достно прошепта́ли ли́стья.
«Вода́, вода́!» – ра́достно прошепта́ли сте́бли.
«Вода́, вода́!» – ра́достно прошепта́ли ко́рни.

И ра́достно посмотре́ли на де́вочку.

у цветов грустно опустились листья – die Blumen ließen die Blätter traurig
hängen
радостно прошептали – flüsterten fröhlich

В __ __ __

Д __ __ __ __ __ __

Крокодил и туристы

Прие́хали тури́сты в Африку.
Смо́трят – крокоди́л.

– Смотри́те! Крокоди́л! – закрича́ли тури́сты!

– Смотри́те! Тури́сты! – облизну́лся крокодил.

облизнулся – leckte sich das Maul

T _ _ _ _ _ _ _ _

K _ _ _ _ _ _ _ _

13

Шили-были Шурик и Шарик
(*Белый стих на букву Ш*)

Жи́ли-были Шу́рик и Ша́рик.
Верне́е, не жи́ли, а ши́ли.
Потому́ что де́лали, носи́ли и е́ли
они́ то́лько то, что начина́ется на Ш.

Ши́ли Шу́рик и Ша́рик в шалаше́.
Ши́ли они́ ша́рфики и ша́пки.

Зимо́й они́ носи́ли штаны́.
Ле́том шо́рты.

Весно́й они́ шлёпали по лу́жам.
А о́сенью собира́ли ши́шки.

жили-были – es lebten einmal
шили – nähten
шлёпали по лужам – durch die Pfützen patschten

Ш _ _ _ _

Ш _ _ _ _

Ш _ _ _ _

На за́втрак, на обе́д и на у́жин
они́ е́ли шокола́д.

Днём они́ игра́ли в ша́хматы,
а ве́чером в ша́шки.

А когда́ на не́бе зажига́лись звёзды,
они́ ложи́лись спать
и шепта́ли друг дру́гу:

«Шпоко́йной но́чи!»

когда на небе зажигались звёзды –
wenn die Sterne am Himmel zu leuchten begannen

Шпокойной ночи! *Richtig:* Спокойной ночи! (Gute Nacht!)

Ш __ __ __ __

Ш __ __ __ __ __

Ш, И, Ы

Мышка и шишка

Одна́жды мы́шка уви́дела ши́шку.
«Ши́шка!» – поду́мала мы́шка.
«Мы́шка!» – поду́мала ши́шка.

на самом деле – in Wirklichkeit
мишка – Bär, Bärchen (Kindersprache)
и в ямку «бух» – und in die kleine Grube "plumps"

«Вот это да! Я бо́льше ши́шки», – поду́мала мы́шка.

«Вот это да! Я бо́льше мы́шки», – поду́мала ши́шка.

А на са́мом де́ле?

На са́мом де́ле бежа́л ми́шка. Не уви́дел ши́шку, не уви́дел мы́шку и в я́мку «бух!»

М __ __ __ __

Ш __ __ __ __

Бараны и барабаны

Бы́ло это или не́ было, то́лько реши́ли
одна́жды два бара́на постуча́ть в бараба́ны.

«Бам!» – постуча́л оди́н бара́н.
«Бум!» – постуча́л друго́й бара́н.

«Бам-бам-бам!» – постуча́ли о́ба бара́на.
«Бум-бум-бум!» – постуча́ли о́ба бара́на сно́ва.

«Бам-бам-бум!» – постуча́л им в отве́т бараба́н
и ло́пнул.

постучать – klopfen
лопнул – platzte

20

б _ _ _ _

б _ _ _ _ _ _

В, Р, К

Ворона

Сиде́ла воро́на на де́реве и ...
Ква́кала?
Нет, не ква́кала!

Сиде́ла воро́на на де́реве и ...
Кря́кала?
Нет, не кря́кала!

Сиде́ла воро́на на де́реве и ...
Ка́ркала?
Да, ка́ркала.

И не про́сто ка́ркала, а гро́мко-гро́мко крича́ла:
«Кар! Кар! Кар!»
«Ка́рта! Карто́н! Карма́н!»
«Карма́н, карма́н порва́лся! Кошма́р!»

квакать, крякать – quaken
каркать – krächzen
карман порвался – die Jackentasche ist zerrissen
кошмар – Alptraum

В _ _ _ _ _ _

К _ _ _ _ _ _

Как жук и пчела общий язык нашли

Сиди́т жук на жёлтом цветке́. Отдыха́ет.
Вокру́г лета́ет пчела́ и жужжи́т:
«Жу-жу-жу».

– Пчела́, а пчела́! Ты мо́жешь не жужжа́ть.
  Ты мне меша́ешь!

– А что ты де́лаешь?

– Я сижу́, отдыха́ю. А ты?

– Я кружу́, рабо́таю, лета́ю.
  Дава́й вме́сте рабо́тать, – говори́т пчела́.

жужжит – summt
жу-жу-жу – sum-sum-sum
ты мне мешаешь – du störst mich
кружу – ich ziehe Kreise

Жу - жу - жу

Ж __ __

П __ __ __ __

– Нет, я не могу́. Я отдыха́ю.
  Дава́й вме́сте сиде́ть!
– Нет, я не могу́. Я рабо́таю.

– Тогда́ дава́й вме́сте жужжа́ть.
– Дава́й! – соглаша́ется пчела́.

Вот так и сиди́т жук на жёлтом цветке́ да́льше.
Сиди́т и жужжи́т. Отдыха́ет.

А ря́дом кружи́т пчела́. Кружи́т и жужжи́т.
Рабо́тает.

И никто́ друг дру́гу бо́льше не меша́ет.

соглашается – stimmt zu

о _ _ _ _ _ _ _ т

р _ _ _ _ _ _ _ т

ж _ _ _ _ т

27

Сани

В гараже́ у стены́
спра́ва и сле́ва
стоя́ли са́ни.
И скуча́ли.

Была́ весна́.
Та́ял снег.
На дере́вьях появля́лись пе́рвые листо́чки.
А са́ни стоя́ли и скуча́ли.

Пото́м наступи́ло ле́то.
Я́рко свети́ло со́лнце.
В лесу́ пе́ли пти́цы.
В саду́ спе́ли о́вощи и фру́кты.
А са́ни стоя́ли и скуча́ли.

скуча́ли – sich langweilten
спе́ли о́вощи и фру́кты – Obst und Gemüse wurden reif

с л __ __ __

с п __ __ __ __

в __ __ __ __

л __ __ __

29

За ле́том пришла́ о́сень.
Кра́сные и жёлтые ли́стья слета́ли с дере́вьев
и покрыва́ли зе́млю пёстрым одея́лом.
А са́ни стоя́ли и скуча́ли.

Но вот пришла́ зима́. Пошёл снег.
«Снег!» – обра́довались са́ни.

И поспеши́ли на у́лицу.

Навстре́чу долгожда́нным приключе́ниям.

слета́ли с дере́вьев – von den Bäumen herunterflogen
покрыва́ли зе́млю пёстрым одея́лом – (die Blätter) bedeckten die Erde mit einer
bunten Decke
обра́довались – (sie) freuten sich
поспеши́ли – (sie) eilten sich
навстре́чу долгожда́нным приключе́ниям – den langersehnten Abenteuern
entgegen

o __ __ __ __

з __ __ __

с __ __ __

31

К, л, ньк, лк

Маленькая сказка

В ма́леньком лесу́,
    на ма́ленькой опу́шке,
        в ма́ленькой избу́шке стои́т
            ма́ленький сто́лик.

На ма́леньком сто́лике стои́т
ма́ленькая таре́лка и ча́шка.

На таре́лке лежи́т кро́шка хле́ба.
В ча́шке нали́та ка́пля ча́я.

За сто́ликом сиди́т ма́ленький гно́мик
и гро́мко говори́т:

«Ах, как вку́сно я пое́л!»

опушка – Waldrand
столик – Tischlein
капля чая – Teetropfen

избушка – kleines Häuschen
крошка хлеба – Brotkrümel
гномик – Zwerg

М _ _ _ _ _ _ _ _ _ Й   С _ _ _ _ _ _

Т _ _ _ _ _ _ _ _ _

Ч _ _ _ _ _

С, СТ

Стол и стул

Стоя́т стол и стул,
то́пают но́жками и спо́рят:

«Я си́льный», – говори́т стол.
«А я сти́льный», – отвеча́ет стул.

«Я са́мый си́льный», – говори́т стол.
«А я са́мый сти́льный», – отвеча́ет стул.

«Я сто́йкий», – говорит стол.
«А я стро́йный», – отвечает стул.

«Я самый стойкий», – говорит стол.
«А я самый стройный», – отвечает стул.

«Я стро́гий», – говорит стол.
«А я скро́мный», – отвечает стул.

«Да уж, скро́мный!», – смеётся стол.
«Да уж, стро́гий!», – соглаша́ется стул.

с __ __ __

с __ __ __

топают ножками и спорят – mit den Beinen (Füßen) trampeln und sich streiten
стойкий – standhaft; beständig   стройный – schlank
строгий – streng   скромный – bescheiden
да уж – ja, schon (ironisch)

Как хомячки чихали

Сидя́т бе́лый и чёрный хомячки́ и чиха́ют.

«Чхи, чхи», – чиха́ет бе́лый хомячо́к.
«Пчхи, пчхи», – чиха́ет чёрный хомячо́к.
«А-а-пчхи, а-а-пчхи», – чихает белый хомячок.
«Чхи, а-а-пчхи», – чихает чёрный хомячок.

Пото́м смо́трят друг на дру́га и начина́ют хохота́ть:

«Ха, ха, ха», – хохо́чет белый хомячок.
«Хо, хо, хо», – хохо́чет чёрный хомячок.
«Хи, хи, хи», – хохочет белый хомячок.
«Хе, хе, хе», – хохочет чёрный хомячок.

хомячок – kleiner Hamster
чихают – niesen
хохотать – laut lachen

х __ __ __ __ о __

ч __ __ __ е __

«Э-хе-хе», – ду́мает бе́лый хомячо́к
и вздыха́ет, – «Зарази́лся!»

«О-хо-хо», – думает чёрный хомячок
и вздыхает, – «Заразился!»

«Бу́дь здоро́в!», – говори́т вслух
белый хомячок чёрному.

«Будь здоров!», – говорит вслух
чёрный хомячок бе́лому.

И о́ба хохо́чут.

заразился – habe mich angesteckt
вздыхает – seufzt
Будь здоров! – Gesundheit!
говорит вслух – sagt laut

ч _ _ _ _ _ _   х _ _ _ _ _ о _

б _ _ _ _   х _ _ _ _ о _

Как прищепки песни пели

Сидя́т на верёвке шесть прище́пок.
Де́ржат в зуба́х плащ и пою́т.

«Щу-щу-щу, плащ держу́, не отпущу́», –
поёт пе́рвая прище́пка.

«Щу-щу-щу, плащ держу́, не отпущу́», –
поёт втора́я прище́пка.

«Щу-щу-щу, плащ держу́, не отпущу», –
поёт тре́тья прище́пка.

«Щу-щу-щу, плащ держу, не отпущу», –
поёт четвёртая прище́пка.

«Щу-щу-щу, плащ держу, не отпущу», –
поёт пя́тая прище́пка.

на верёвке – an der Leine
прищепки – Wäscheklammer
держат в зубах плащ – halten den Regenmantel in den Zähnen
не отпущу – (ich) lasse (ihn) nicht los

п _ _ _

п р _ _ _ _ _ _ _

41

«Ща-ща-ща, отпущу́ и нет плаща́», –
поёт шеста́я прищепка.

«Что?!» – возмуща́ются пять прищепок.

«Шучу́-шучу́», – отвеча́ет шестая прищепка.

И все смею́тся.

А плащ па́дает на зе́млю и ду́мает:
«Шучу́-шучу́, а меня́ кто держа́ть бу́дет?!»

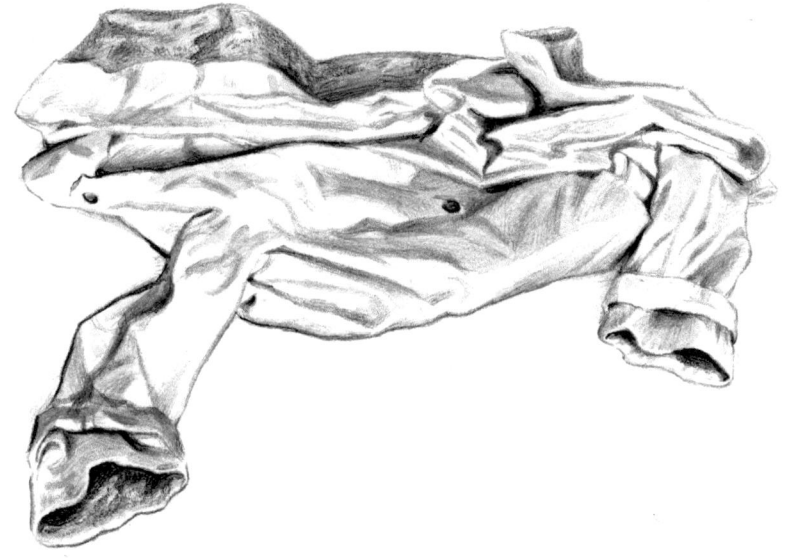

Ы, Д, Т, З

Тызик, Вызик и Мызик

Ты́зик, Вы́зик и Мы́зик купа́лись в пруду́ и замёрзли.

«Ды-ды-ды», – стучи́т зуба́ми Тызик.
«Ды-ды-ды», – стучи́т зуба́ми Вызик.
«Ды-ды-ды», – стучи́т зуба́ми Мызик.

Ми́мо плывёт та́зик.
Уви́дел их и спра́шивает: «Вы кто?»

«Я ды-ды-дызик», – говори́т Тызик,
стуча́ зуба́ми.
«А я вы-ды-дызик», – говори́т Вызик,
стуча́ зуба́ми.
«А я мы-ды-дызик», – говорит Мызик,
стуча зубами.

«Ничего́ не по́нял», – удиви́лся та́зик, –
«Вас всех одина́ково зову́т?»

В __ к __ __?

Тызик, Вызик, Мызик sind ausgedachte Namen, abgeleitet von ты (du), вы (sie), мы (wir)

мимо плывёт тазик – eine kleine Schüssel schwimmt vorbei

в пруду – im Teich

замёрзли – ihnen ist kalt geworden

стучит зубами – mit den Zähnen klappert

Вас всех одинаково зовут? – Heißt ihr alle gleich?

«Нет, меня́ ды-дызик», – возмути́лся Тызик.
«А меня в ды-дызик», – возмутился Вызик.
«А меня м ды-дызик», – возмутился Мызик.

«Кака́я стра́нная компа́ния», – поду́мал та́зик и поплыл да́льше.

«Како́й стра́нный та-ды-ды-зик», – поду́мали Тызик, Вызик и Мызик и пошли́ гре́ться на бе́рег.

возмутился – empörte sich
странная компания – seltsame Gesellschaft

T __ __ __ __

Совсем нестрашная история

На у́лице Черно́ва
    в чёрном до́ме
        на четвёртом этаже́ жила́
           чёрная-пречёрная
              ко́шка.
Но э́то была́ совсе́м нестра́шная ко́шка.
Она́ была́ совсе́м ещё кро́шка.

Ко́шку боя́лись то́лько мы́шки, кото́рые жи́ли
    в но́рке
        в чёрном до́ме
           на четвёртом этаже́
              на у́лице Чернова.
И ры́бки в аква́риуме, кото́рый стоя́л
    в чёрном доме
        на четвёртом этаже́
           на у́лице Чернова.

совсем нестрашная – ganz und gar nicht gruselige / schreckliche
чёрная-пречёрная – absolut schwarze
Она была совсем ещё крошка. – Sie war noch ganz klein.

Ч_____ Я К_____

А ма́ленький ма́льчик Ко́ля, кото́рый жил
　　в чёрном доме
　　　на четвёртом этаже
　　　　на улице Чернова,
　　　　　ко́шку совсе́м не боя́лся.

Утром и ве́чером Ко́ля игра́л с ко́шкой,
　　а ко́шка игра́ла с Ко́лей.

На обе́д они́ вме́сте е́ли ры́бу.

А на́ ночь мурлы́кали друг дру́гу до́брые слова́.

совсем не боялся – hatte gar keine Angst
на ночь – für die Nacht
мурлыкали – schnurrten

M __ __ __ __ __ __ __

M __ __ __ __ __ __

Russisch und Russland von A bis Z – Bücher und Software

Russisches Alphabet
Schnell erlernt für jedermann
von Polina Sorel
ISBN 978-3-8391-0578-8

Sie wollten schon immer nach Russland reisen, aber Sie befürchten, dass Sie dort vollkommen aufgeschmissen wären, da Sie keinen einzigen Buchstaben lesen können? Sie würden gerne Russisch lernen, aber wegen der Schrift wissen Sie nicht, wo Sie anfangen sollten? Dann wird dieses Buch Ihnen helfen, diese erste Hürde beim Verstehen der russischen Sprache zu nehmen.

Russische Schreibschrift und Schreibregeln
Kyrillische Handschrift lesen und schreiben lernen
von Polina Sorel
ISBN 978-3-8423-5580-4

Dieses Schreibheft ist dafür da, Ihnen beim Erlernen der russischen Schreibschrift zu helfen. So können Sie nicht nur auf Russisch schreiben üben, sondern auch handschriftliche und Kursiv-Texte lesen lernen. Neben den Schreiblernübungen finden Sie im Heft wichtige russische Rechtschreibregeln. Unterhaltsam aufgebaute Aufgaben werden Sie motivieren, auch ein bisschen mehr Russisch zu lernen bzw. Ihren Wortschatz zu erweitern.

Geschichten aus der Schachtel
von Polina Sorel
ISBN 978-3-8391-8580-3

Dieses Taschenbuch enthält 33 kurze, unterhaltsame und sehr informative Geschichten auf Russisch, die schon für Anfänger (A1 – A2) leicht zu verstehen sind. Die Texte bringen dem Leser nicht nur die Sprache näher, sondern auch die russische Lebensart, Kultur und Geschichte.

Ruslanka: Wortschatztrainer Russisch-Deutsch
Wortschatztrainer, Spiel- und Lernkarteigenerator
Kostenlose Demoversion auf *www.ruslanka.de*

Die Software kann nicht nur als Wortschatztrainer, sondern auch als Sprachführer, Wortschatzreferenz sowie Übungs- und Quizgenerator eingesetzt werden.